LA PORTION DE CET OUVRAGE INTITULÉE
**De la Construction des Ecoles primaires en France
et de l'etablissement de leur mobilier,**
a été couronnée par l'Académie Royale de la Jeunesse.

LIVRAISON
13.

MÉDAILLE EN OR BLANC A L'ACADÉMIE FRANÇAISE DE L'INDUSTRIE,
ET RAPPEL DE CETTE MÉDAILLE EN 1842.
Médaille d'Honneur, en or, grand module, décernée par Sa Majesté Charles XIV Jean,
ROI DE SUÈDE ET DE NORWÈGE.

CHOIX
D'ÉDIFICES

PUBLICS ET PARTICULIERS
CONSTRUITS OU PROJETÉS DANS LES DÉPARTEMENTS ;
MODÈLES DE DÉCORATIONS INTÉRIEURES ET EXTÉRIEURES ;

ÉTUDES ARCHITECTURALES;
ÉPURES
ET DÉTAILS DES CONSTRUCTIONS;
DÉCOUVERTES
En Perfectionnemens dans la Connaissance pour Intéresser
LES ARCHITECTES;

PAR F. G. D'OLINCOURT,
INGÉNIEUR CIVIL ET ARCHITECTE,
MEMBRE CORRESPONDANT DE LA SOCIÉTÉ ROYALE DES SCIENCES D'ANVERS (Belgique),
de l'Académie Pontificale des Beaux-Arts de Bologne (Italie),
MEMBRE DES ACADÉMIES ROYALES DE METZ ET DE NANCY,
De la Société d'encouragement pour l'Industrie nationale, et de plusieurs Sociétés savantes, littéraires et agricoles
de la Capitale et des Départemens ;
DIRECTEUR DE LA REVUE DE L'EST ET DE LA REVUE DE L'ACADÉMIE ROYALE DE LA JEUNESSE.

Tome Second.

PRINCIPAUX COLLABORATEURS :
MM. CHAMPONNOIS, aîné, Ingénieur-Architecte, à Beaune.
LANCK, J.-D., Architecte du département de la Corrèze, Membre de la Commission départementale des Bâtimens civils et de plusieurs Sociétés savantes, etc., à Tulle.
BARRAL, J.-A., Architecte, Agent-Voyer en chef du département, à Grenoble.
MALO, Charles-Hector, Architecte du département du Lot, à Cahors.

A BAR-LE-DUC,
CHEZ F. G. D'OLINCOURT, LIBRAIRE-ÉDITEUR,
rue Rousseau, N.° 55.

Lithographie
DE
F. D'OLINCOURT.

Imprimerie
DE
F. D'OLINCOURT.

M D CCC XLI.

COLLABORATEURS.

MM. LE BEUFFE (Théodore), Architecte, ancien élève de l'Ecole des Beaux-Arts de Paris, membre de plusieurs Sociétés savantes, à Vesoul (Haute-Saône).
GIGAULT D'OLINCOURT, (Achille), Architecte, à Bar-le-Duc (Meuse).
PERRIER (Charles), Architecte de la ville de Baume-les-Dames (Doubs).
DAULLÉ (N.) Architecte à Amiens (Somme).
SEGRETAIN, Architecte de la ville de Niort (Deux-Sèvres).

La livraison 13 contient:

Titre du tome second.
Restauration de l'Eglise de Sommeille (Meuse), par M. A. d'Olincourt.

Plan détaillé de l'Eglise modifiée. . . . . . (45).
Description. . . . . (46).
Portail projeté, pris de la ligne E. F. . . . (47).
Elévation latérale de l'Eglise modifiée, prise de la ligne G. H. . . . . (48).
Description. . . . . (49).

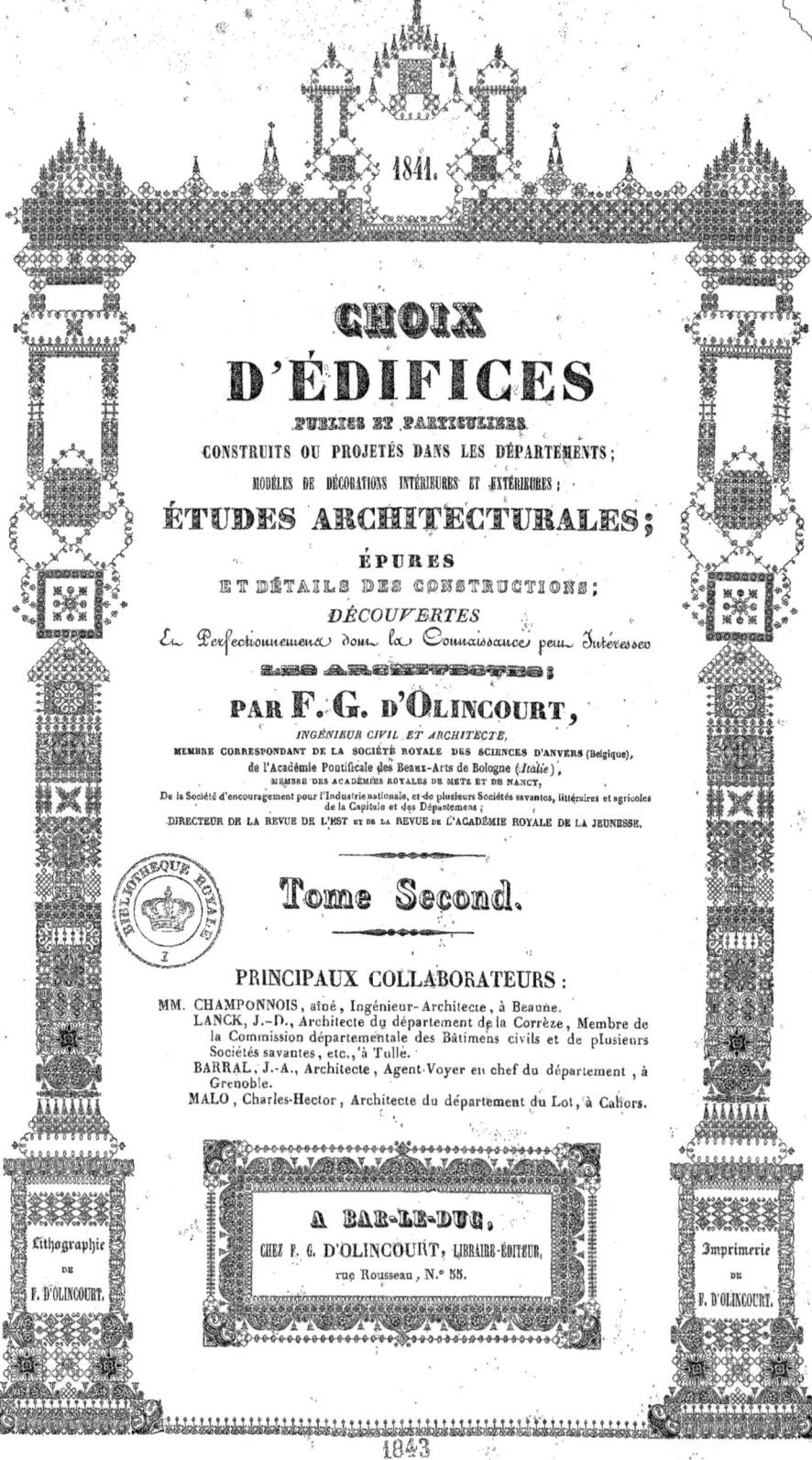

1841.

CHOIX D'ÉDIFICES
PUBLICS ET PARTICULIERS
CONSTRUITS OU PROJETÉS DANS LES DÉPARTEMENTS ;
MODÈLES DE DÉCORATIONS INTÉRIEURES ET EXTÉRIEURES ;

ÉTUDES ARCHITECTURALES ;
ÉPURES
ET DÉTAILS DES CONSTRUCTIONS ;

DÉCOUVERTES
En Perfectionnements dont la Connaissance peut Intéresser

LES ARCHITECTES ;

PAR F. G. D'OLINCOURT,
INGÉNIEUR CIVIL ET ARCHITECTE,
MEMBRE CORRESPONDANT DE LA SOCIÉTÉ ROYALE DES SCIENCES D'ANVERS (Belgique),
de l'Académie Pontificale des Beaux-Arts de Bologne (*Italie*),
MEMBRE DES ACADÉMIES ROYALES DE METZ ET DE NANCY,
De la Société d'encouragement pour l'Industrie nationale, et de plusieurs Sociétés savantes, littéraires et agricoles de la Capitale et des Départemens ;
DIRECTEUR DE LA REVUE DE L'EST ET DE LA REVUE DE L'ACADÉMIE ROYALE DE LA JEUNESSE.

Tome Second.

PRINCIPAUX COLLABORATEURS :
MM. CHAMPONNOIS, aîné, Ingénieur-Architecte, à Beaune.
LANCK, J.-D., Architecte du département de la Corrèze, Membre de la Commission départementale des Bâtimens civils et de plusieurs Sociétés savantes, etc., à Tulle.
BARRAL, J.-A., Architecte, Agent-Voyer en chef du département, à Grenoble.
MALO, Charles-Hector, Architecte du département du Lot, à Cahors.

A BAR-LE-DUC,
CHEZ F. G. D'OLINCOURT, LIBRAIRE-ÉDITEUR,
rue Rousseau, N.° 55.

Lithographie
DE
F. D'OLINCOURT.

Imprimerie
DE
F. D'OLINCOURT.

1843

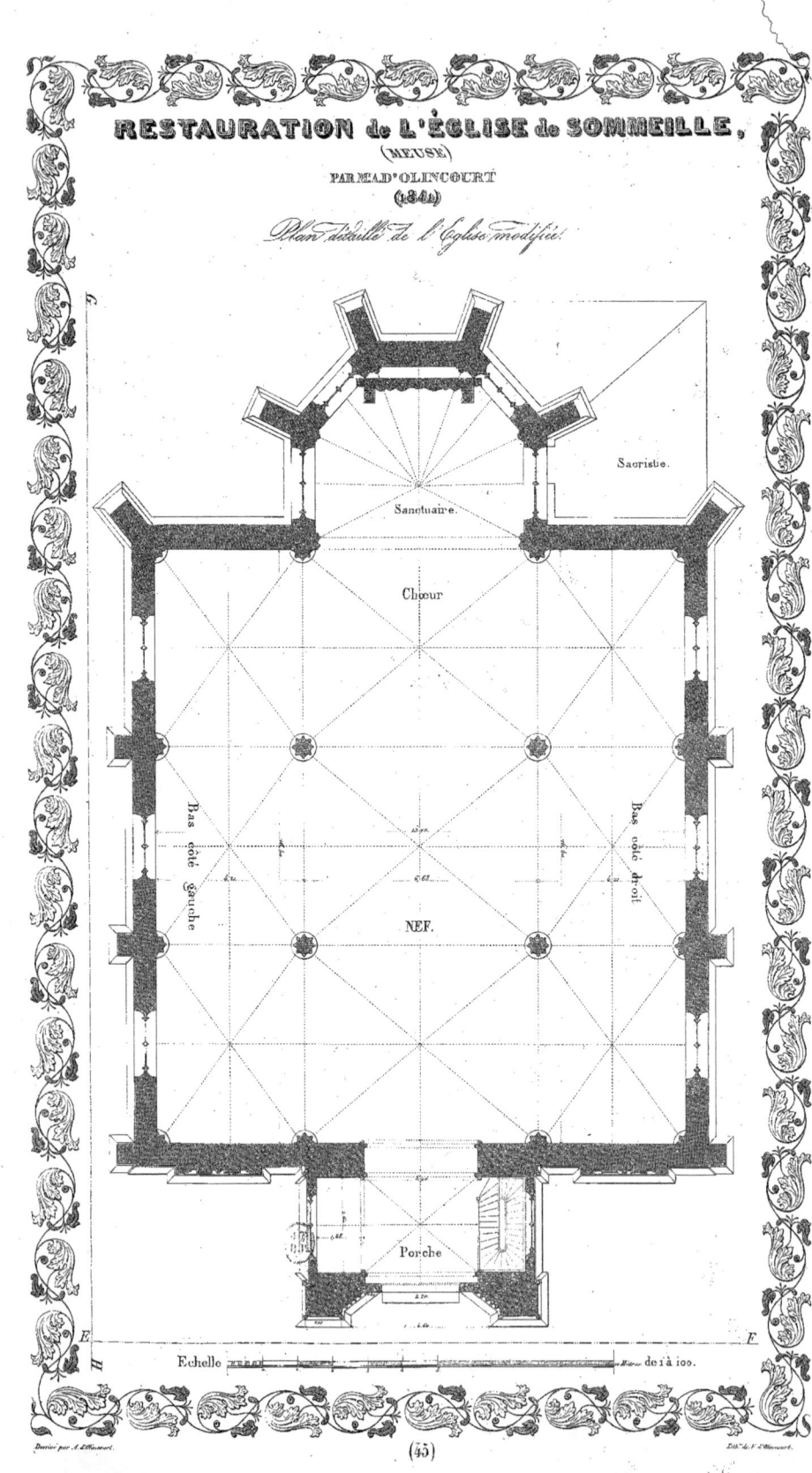

RESTAURATION

DE

L'ÉGLISE DE SOMMEILLE,

par M. A. d'Olincourt.

(1840.)

Planche Notée (45).

Ordinairement les nefs gothiques étaient vastes et accompagnées de nefs latérales qui se prolongeaient autour de l'abside, mais dans les modestes églises des campagnes il n'en était pas ainsi, et l'église de Sommeille offre un exemple de cette exception. Les proportions du chœur de l'édifice ont été adoptées et prolongées jusqu'au portail neuf, pour former une nef et des bas côtés réguliers et présentant cette pureté de lignes qui était exigée par le style ogival primitif.

Les voûtes intérieures ont leur élancement, leurs nervures multipliées et leurs faisceaux traités d'après les parties conservées de l'ancien édifice, qui se remarquent sur la planche (4), coupe de l'église actuelle prise de la ligne A B.

Le porche exigé par le style ogival est placé ici entre la nef principale et le portail ; il offre une entrée latérale à gauche et l'escalier de la tour sur le côté droit.

La planche (45) présentant les dimensions principales de cette église modifiée, nous croyons inutile d'étendre davantage cette description.

.F. d'O.

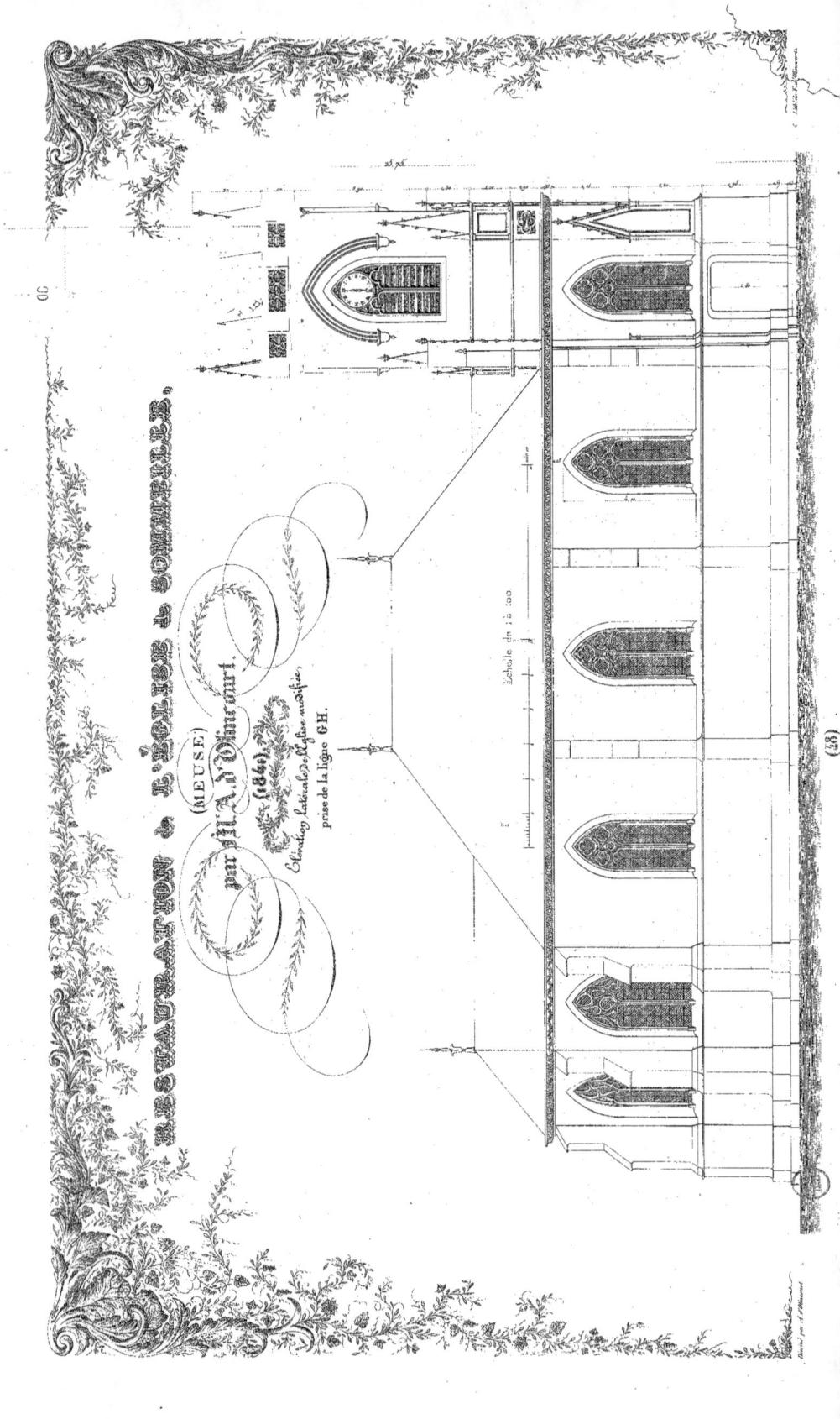

RESTAURATION
DE
L'ÉGLISE DE SOMMEILLE,
par M. A. d'Olincourt.
(1840).

Planches Notées (47 et 48).

L'architecture gothique est à proprement parler l'architecture chrétienne, celle qui caractérise la seconde moitié du moyen-âge, mais, comme l'a dit M. Bourassé, elle serait plus convenablement appelée *architecture à ogives, style ogival.* Ses trois grandes époques peuvent se désigner ainsi :

Style ogival { primitif, ou à lancettes, de 1200 à 1300.
secondaire, ou rayonnant, de 1300 à 1400.
tertiaire, ou flamboyant, de 1400 à 1550.

La partie de l'église de Sommeille avec laquelle on veut harmoniser les nouvelles constructions peut être dite de transition ou de 1400 à 1450, et ce style retrouve ses traces dans plusieurs des dispositions de ce nouveau projet, tandis qu'il a fallu aussi puiser dans les formes plus pures de l'époque secondaire.

Dans le portail, planche (47), où tout est simple et sévère, on retrouve, par les formes, cette tendance à tout diriger vers le ciel, à porter vers Dieu ses pensées et ses prières : des arcs en tiers-point, des aiguilles aiguës et des clochetons pointus s'élançent et semblent se porter vers la croix qui domine l'édifice, et cette croix elle-même semble s'élever dans l'espace.

L'entrée du porche est surmontée d'un vaste pignon triangulaire, répété au-dessus des niches placées latéralement; et la tour est couronnée de la rampe en pierre ou balustrade, avec le système d'ornementation de l'époque. Enfin tous les angles sont ornés de crosses végétales régulièrement espacées.

La porte a son linteau surmonté d'une rose gothique aux larges proportions, dont le cercle est l'image de l'éternité.

Dans ce portail, les statues et les statuettes des saints patrons de la commune, et des bienfaiteurs de l'église, manquent, mais leurs niches sont réservées, et les dais, les pinacles, les aiguilles, les dentelles et les feuilles s'unissent de tous côtés pour rappeler le style ogival.

Le même style se retrouve dans l'élévation latérale prise de la ligne G H, et cette planche (48) montre mieux l'agencement général de l'abside, de la décoration extérieure des bas-côtés et de la tour ; le tout est lié par une corniche supérieure, où se trouve un mélange ingénieux d'ornementation dont les édifices chrétiens offrent de si beaux exemples.

Cette même planche (48) présente toutes les côtes des hauteurs.

F. d'O.

Extrait du Catalogue
DE LA LIBRAIRIE F. D'OLINCOURT.

DE L'EMPLOI
DU SYSTÈME LÉGAL
DES
POIDS ET MESURES,
ET TRAITÉ
DU
CUBAGE DES BOIS.

Cet Ouvrage contient:

I.
EXPOSITION DU SYSTÈME MÉTRIQUE DES POIDS ET MESURES.

II.
RAPPORTS DES ANCIENNES MESURES AUX NOUVELLES :

linéaires ou des longueurs ; — itinéraires ; — agraires ou des surfaces ; — cubiques ou de solidité ; — de capacité pour les liquides et les matières sèches ; — de poids ; — de monnaies ; — et de temps ; — avec la conversion des prix des mesures anciennes aux prix des mesures nouvelles.

III.
NOUVEAUX TARIFS MÉTRIQUES POUR LE CUBAGE DES BOIS EN GRUME,

au quart de la circonférence , au sixième et au cinquième déduit ; — Tables des bois méplats ; — Tables pour l'empilement des bois de chauffage, bois de charbon, etc., en mètres cubes ou stères; — et compte-fait des planches de toutes longueurs.

A L'USAGE
des ingénieurs et des architectes ; des agens de l'administration des eaux et forêts ; des Maîtres de forges , Propriétaires , Adjudicataires et Marchands de Bois, Gardes-Ventes , Charpentiers , Menuisiers , Entrepreneurs de Bâtimens , Négocians , etc.

PAR F. D'OLINCOURT,
INGÉNIEUR CIVIL,
Secrétaire-Rapporteur de la Commission départementale des Bâtiments civils , Membre de plusieurs Sociétés savantes, etc.

ET GUILLEMIN,
Marchand de bois et expert forestier.

Prix : 1 fr. 75 centimes, et 2 fr. 25 centimes franc de port.

TRAITÉ
DE GÉOMÉTRIE,
DE TRIGONOMÉTRIE RECTILIGNE, D'ARPENTAGE
ET DE GÉODÉSIE PRATIQUE,
SUIVI DES TABLES DES SINUS ET DES TANGENTES EN NOMBRES NATURELS;
PAR A. JEANNET ET F. G. D'OLINCOURT.

2 vol. in-12, avec un grand nombre de planches. — Prix : 7 fr. et 9 fr. franc de port.

(Pour plus de détails, voir les livraisons 1, 2, 3 et 4.)

INSTRUCTION PRATIQUE
SUR LA
RÉDACTION DES PROJETS A SOUMETTRE
A L'EXAMEN
DE LA COMMISSION DES BATIMENS CIVILS;
PAR F. G. D'OLINCOURT,
INGÉNIEUR CIVIL, ETC.

In-4. Prix : 0.50 centimes, et 0.60 avec le port.

(Pour plus de détails , voir les livraisons 1, 2, 3 et 4.)

CONDITIONS
DE LA SOUSCRIPTION.

L'ouvrage formera cinq Volumes in-folio, ou dix Tomes, sur papier grand Raisin, et contiendra 360 Planches.

Chaque Tome se compose de 12 livraisons de 3 Planches et de 3 pages in-folio de texte, ce qui produit 5 Feuilles imprimées d'un seul côté. Les livraisons sont renfermées dans des couvertures imprimées.

La souscription à cet ouvrage se paie d'avance. Chaque Tome est, pour la France, de 30 francs, prix de 12 Livraisons à 2 francs 50 centimes. Pour la Belgique, le prix de la livraison est de 3 francs.

Chaque Tome se vend, séparément, au prix de 36 fr. en France et de 42 fr. en Belgique.

Les projets ou travaux des Abonnés (qui sont adressés *franco*) sont examinés, et, s'ils sont adoptés, leur insertion a lieu dans l'Ouvrage, sans aucun frais à leur charge pour la composition, le tirage, etc. En raison du mérite de ses projets ou de ses productions, l'Abonné est inscrit sur la liste des *Collaborateurs*, ou même sur celle des *Collaborateurs principaux* de cette utile publication.

Un Abonné peut demander, au moment de la publication, le tirage supplémentaire qui lui serait utile pour faire connaître ses productions. Le prix en est fixé comme suit : pour une planche, sa page de texte et une couverture imprimée portant le titre désiré, le tout du format in-folio de l'ouvrage, et pour cent exemplaires :

   Pour les Abonnés. . . . . 75 francs.
   Pour les Collaborateurs. . . . . 60 francs.
 Et pour les principaux Collaborateurs 50 francs.

Dans les Départements, chez les principaux Libraires.

A PARIS,   Chez *Roret*, Libraire, rue Hautefeuille, 10 *bis*, au coin de celle du Battoir.
A LONDRES, Chez *Daleau* et compagnie.
A St.-PETERSBOURG, Chez *Belizard* et *Dufour*, Libraires de la Cour de Russie.
A AMSTERDAM, Chez veuve *Legros* et compagnie.
A BRUXELLES, Chez *Périchon*, Libraire du Dépôt de la Guerre et de l'École militaire.
A ROME,   Chez *Louis de Romanis*.

www.ingramcontent.com/pod-product-compliance
Lightning Source LLC
Chambersburg PA
CBHW061619040426
42450CB00010B/2568